60歳、女、ひとり、疲れないごはん

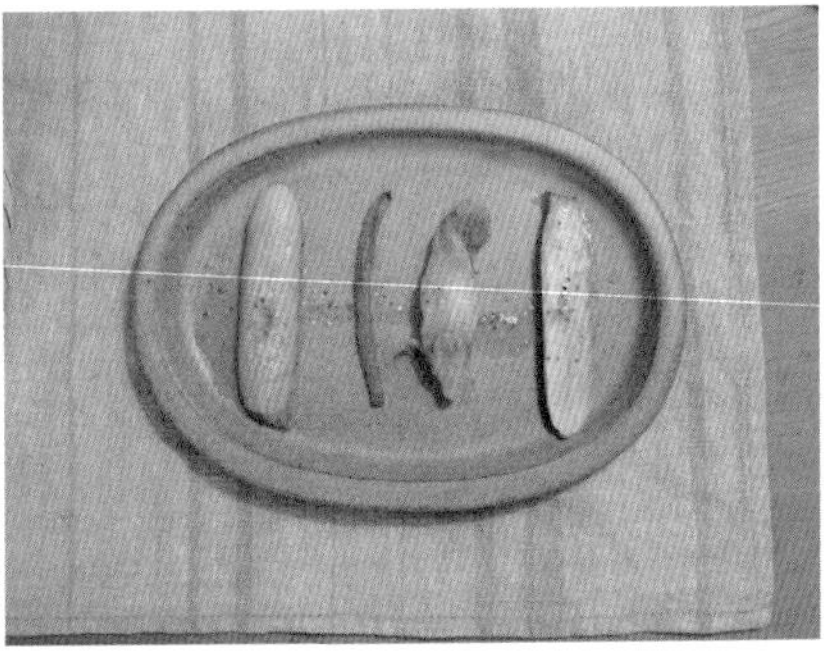

ズッキーニの花のソテー

まえがき

60歳になり、子どもも自立し、ひとり暮らしになりました。家族がいた時は家族のことを考えて料理をしていました。これからは、自分の好きなものを、好きな分量だけ、食べようと思います。作る時も食べる時も疲れない、気楽なごはんです。

実は私は体にいいと一般的に言われているものがあまり好きではありません。お酢は特に苦手だし、納豆やみそ汁、海藻、漬け物類も好んでは食べません。でも時々、健康のためにと納豆を買ったり浅漬けを作ります。みそ汁は作りたいと思うことがたまにあって、そういう時だけ作ります。

この本には、自分のために作ったごはんを時系列で並べています。特に好きなカレーやスパゲティは作った回数が多いのでひとまとめにしました。

調理法は簡単で、素材をただ煮たり焼いたり茹でたりしたものがほとんどです。あとの方では畑で野菜を作り始めたので、主にその野菜を使った料理になっています。毎朝畑に行って、食べられそうなものを選んで調理しています。毎日、自分のためにごはんを作って食べるのが楽しいです。

じゃがいもの煮物

じゃがいものソテー

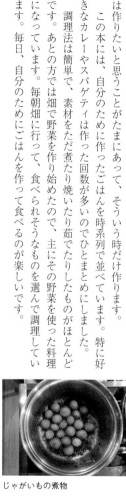

目次

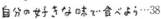

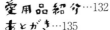

たけのこ

春の味覚　たけのこのお刺身

木の芽がポイント

焼きたけのこ　先の柔らかいところ

こうばしく

焼きたけのこ　醤油でこんがり

和だね

たけのこと豚肉、厚揚げ、わらびの
煮物

つまみに

たけのことチキンのオリーブオイル
漬け

サラダ・オードブル

緑色の大根、好き。赤い大根きれい

畑で採れた緑色の大根と赤い大根に生ハムとキウイをのせたオードブル

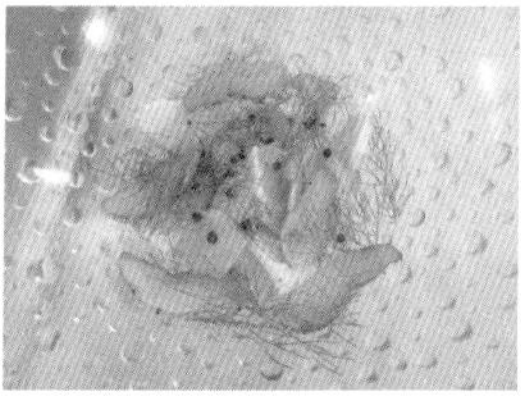

おしゃれ風

日向夏、鶏の燻製、フェンネル

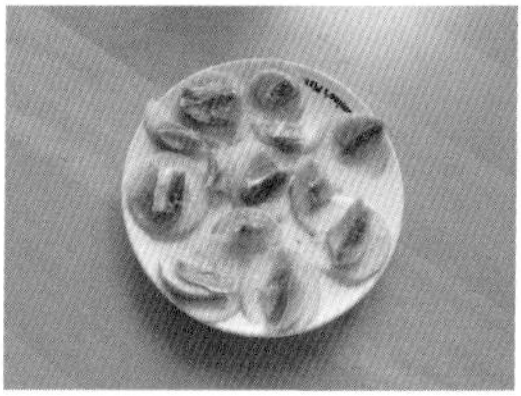

この組み合わせにこってた。パルミジャーノ味

大根と柿と生ハム

アマニオイル+塩こしょう

畑のグリーンサラダ

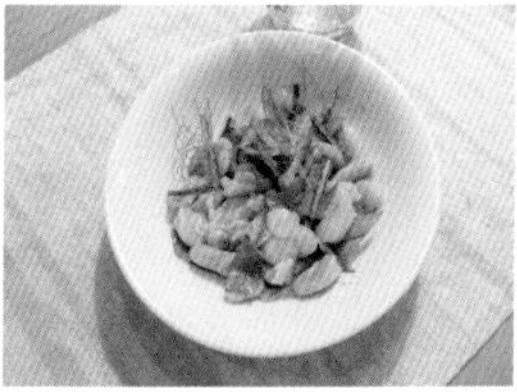

そら豆と畑の野菜のサラダ

ごちゃっと

大根、生ハム、りんご、チーズ、リアスからし菜

これも畑から

赤い大根と柿

ミニサラダ

畑の野菜で小さなサラダ

オードブルで

紫色のリアスからし菜の形が好き。ぐっとひきしまる

秋に凝っていた大根と柿のサラダ

パン

トースト　バター　ヨーグルト　ぶどう　ブルーベリージャム　ミルクティー

フレンチトースト　栗のシロップ　コーヒー

手作りパン（ベーコンとえんどう豆） コーヒー

↑
パンを作ってみました。
案外、カンタンでした。
パンを焼くって
いいですね。

海苔チーズトースト
ミルクティー

ぺたんこに
ぎゅっと

バタートースト コーヒー クロテッドクリーム グレープフルーツ はちみつ

トーストはハード系が好きです

くるみ胡麻パン　バター　ブルーベリージャム

またパンを焼きました　(2度目)

くるみ胡麻パン　バター　ブラックベリージャム

ソーセージパン　チーズパン

焼く前に切り込みを入れます

パンにさいの目に切り込みを入れて　チーズ　はちみつ　塩コショウ　キウイ

色合いが ふんわか

マフィン　バター　チーズ　はちみつ　インゲン豆

トローリ

チーズバターはちみつトースト　ミルクティー

お好み焼き

お好み焼き　かつお節をふんわりふりかけて

チーズとケチャップ

たまにしか作らないけどたまに作りたくなる

マヨネーズで模様を描く

青菜を刻んで薄焼きに。葉っぱがたくさんある時に

おにぎり類

焼きおにぎり　焼きおにぎりの中には、シソやゴマ、カツオブシなどを。

買ってきたネギトロを軍艦巻きに。味は微妙でした

おいなり　具だくさんが好き

焼きおにぎり　おしょう油で香ばしく　テリテリ

買ってきたウニを軍艦巻きに。これも味は微妙でした　色は、きれい

焼きそば

ぶた肉とキャベツ ←これが1番

大好きな麺とソースで作った焼きそば。色の黒い焼きそばが好きです

ふつう

キャベツと豚肉

具だくさん

キャベツと豚肉　かつお節たっぷり

おいしい

キャベツ、豚肉、ピーマン。フライパンで

ふつう

ちくわと豚肉、キャベツ、ピーマン

うまい

小松菜、豚肉

豚肉、もやし、キャベツ、ピーマン

フライパンで

数年前に、焼きそばの
おいしい作り方を知ったので、
よし！今日はおいしいのを
作るぞ！という時は
気合を入れて作ります。
料理は気がまえが重要。

てりてりしています

メンに味がよくついているのがおいしい。

カレー

カレーは大好きで、よく作ります。ひき肉と夏野菜のカレー　オクラなど

ひき肉カレーにチーズと目玉焼き

レトルトに素揚げ野菜

1日3食カレーを食べた時もある

トマトチキンカレー

自家製ソーセージと野菜カレー

夏野菜の素揚げカレー ナス トマト

目玉焼きカレー チキン入り

辛くない とうがらし オクラ

カレー大好き

カツカレー めずらしくカツをあげました

グリーンカレー かぼちゃ

ルーは市販のカレー、なんでも。色の黒いカレーやグリーンカレーが好きです

スパゲティ 大好き

きれい

畑のレタスを使ったスパゲティ

芽ねぎのトッピング

トマトも好き

海老とトマトのスパゲティ

食べやすい

トマト味ナポリタン

和風か…

玉ねぎときのこの和風スパゲティ

いいね！

トマトソーススパゲティ

ふき、春の記念に

ふきと豚肉のスパゲティ

これはあまり

イワシとチーズのスパゲティ

安心の味

トマトとバジルのスパゲティ

肉の味強し

自家製サルシッチャのクリームソーススパゲティ

一生に一度でいい

桃と生ハムのスパゲティ　これはちょっと…デザートのようでした

トマトスパゲティ　ミニフライパンでこのまま食べます

フライパンのまま食べるの、好き

海老とえんどう豆とトマトのスパゲティ

ごうか

かぶと生ハムのスパゲティ

おいしい

オキアミとベビーリーフのスパゲティ

さっぱり

ベーコン、玉ねぎ、舞茸のクリームスパゲティ

こってり

和の味

イカとネギとオキアミスパゲティ

大人

焼きネギのスパゲティ

ボリュームあり

カボチャ、ミニトマト、ベーコン、
モッツァレラチーズスパゲティ

手軽!

小松菜とオキアミスパゲティ

なんか かわいい

ミニトマト、インゲン豆、バジルソースのパスタ

麺類

ごぼうの素あげ
大好き

ごぼう煮卵うどん

あっさりダシ味の冷凍うどん

レンジ蒸し鶏、薄焼き玉子、きゅうり

茹で鶏、薄焼き玉子、きゅうり

冷やし中華

冷やし中華も好き

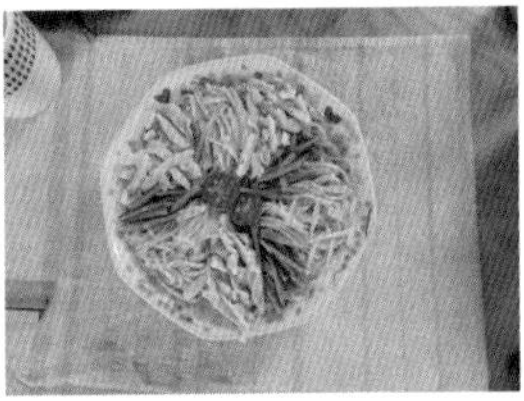

茹で鶏、薄焼き玉子、茹でインゲン豆

茹で鶏、薄焼き玉子、沖縄赤毛瓜

油揚げも合う

ごぼうと油揚げのうどん

うどんです

焼き豆腐、さつま揚げ、小松菜

ソーメンひんやり

ソーメン　なすのお刺身

ソーメンつるつる

ソーメン　きゅうり、わかめ、玉ねぎ

かまぼこともいたけも

焼きネギ、豚肉、煮卵そば

煮卵。味がよくしみてます。

ごはんもの

チャーハンは食べやすい

ウィンナー、海老、玉子チャーハン

親子どんぶり

昔から好きなどんぶりもの

むかごごはん

むかごが大きすぎた

オムライス

これは小ぶり

親子どんぶり、つる菜のお浸し

五目チャーハン

どのひとすくいもおいしい

かき揚げ丼

めずらしくかき揚げ

チャーハン

いつでもOK

チキンライス

いちばん好きなメニュー

作り方、覚えてない

動画を見ながら作ったプロのレシピのカニ玉。おいしかった

おやつ

ホットケーキの素で作りました

手作りバターどらやき

ホットケーキの素があまっていたので、だ円形に
うすく焼いて、バターと
つぶあんを
はさんだ

スポンジ
＋
生クリーム
＋
いちご

好きな
ものだけ

ケーキ用のスポンジを買って、ホイップした生クリームといちごをまんべんなくくっつけました

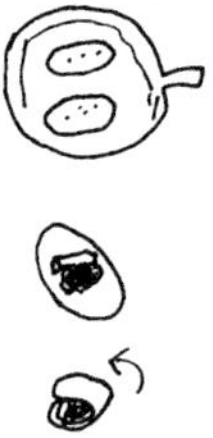

食べあきた

高さ1センチほどの平べったいプリン。これしか型がなくて…

ペロッと食べちゃう

揚げたてのポテトチップス　塩コショウでおいしい

りんごにはちみつやくるみ、シナモンをかけて焼きました

りんごチップス大好き

味が凝縮.

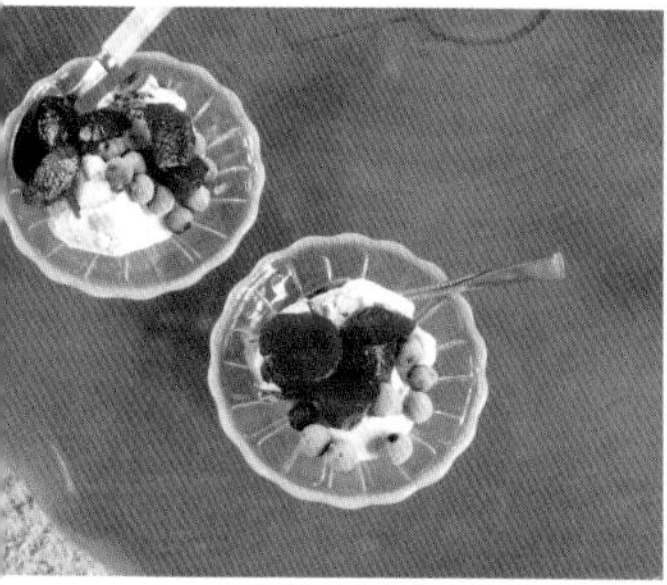

アイスクリーム、ブルーベリー、すもも

すもものコンポート

濃い赤い色がきれい

りんごチップス　オーブンで

できあがり

すもものコンポート

梅シロップ仕込み中

ふのカラメルラスク

富山市のガラス美術館の
カフェで食べた
お麩のラスクが
おいしくて、
自分で作ってみました。

サクサク

ラスク

もらったジャム

ブルーベリージャムとバニラアイス

庭のブルーベリー

ブルーベリーとバニラアイスクリーム

くだものいろいろ　ブルーベリー　りんご　柿

くだものを 小さく切って

 に入れて…

のんびりタイム

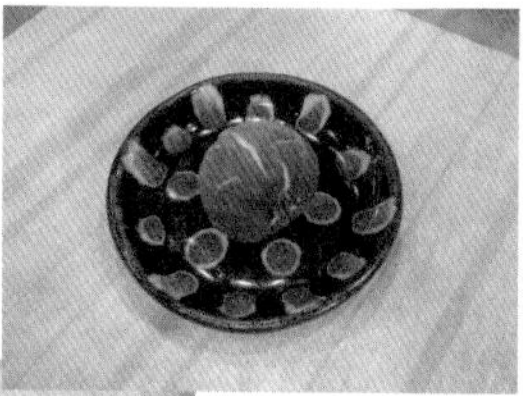

いちじく

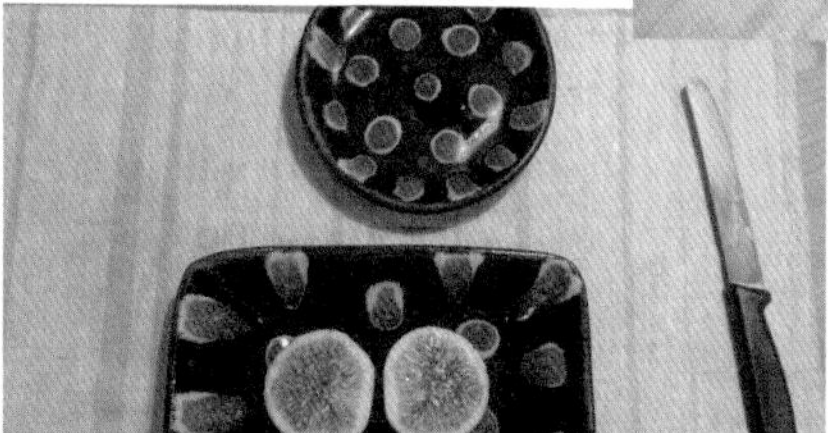

いちじく柄の皿の上で

庭でできた
いちじく

いちじくの
コンポートも
大好き.
あの味が
いちじくにしか
ない味で

種なし
ぶどう
です

去年、夢中になったぶどう（右の）

輪切りに
したところ

ここが
ぶあつかった

皮が薄くてスーッとむける　巨峰のように

もうちょっと煮た方がよかったか

栗の渋皮煮　皮をむくのが大変

バスクチーズケーキの
簡単な作り方を見たので
作ってみました

バスクチーズ
ケーキ

手前はすもものコンポート

が、
私はあまり
好きでは
ないと
いうことが
わかった

レモンジンジャージュースを作っているところ

最後の1滴まで

梅シロップジュース　これはおいしかった　夏にピッタリ

ぶどうジュースにブルーベリー　これもおいしかった

さつまいものおやつ、よく作ります。

いもけんぴ

いちょう切りにしたり、細長く切ったり、四角く切って

砂糖やハチミツをからめる

干し柿にも挑戦。
今までは苦手だったけど おいしく感じました

大きな柿の皮をむいて外に干す…

白くうっすら粉がふいてます

干し柿

家で食べるごはんには…

年齢や 立場・関係性や 人数によって、

赤ちゃん 0才 2才 5才 10才 8才 17才 95才 23才 37才 48才 51才 27才 62才 77才 89才 15才 105才

×

女 子 男 主婦 弟 兄 父 妹 おじ 友人 母 まご 恋人 おば 祖父

×

ひとりで食べる 2人で、3人で 4人で 5人、6人 多人数、みんなで 10人以上 ……

安全 調和 充電 楽しみ やすらぎ 栄養 安心 ワクワク うれしい おいしい ゆっくり 気らく つながり 豊かさ キンチョウ めずらしい 成長 活力 やる気 のびのび 確認

さまざまな シーンがあります。

そんな中で、この本は、

大人の、ひとり暮らしの、自炊する女性である私の
日々の ごはん の本です。

大人で、ひとり用、めんどくさくなく、

簡単で、自由に、ムリせず、

ただ自分にとっておいしいと思うものを

食べたい分量だけ、

楽しんで食べるとこうなった、という、

他人や常識を考えず、

ただ自分にとっての

大好きなごはん の本です！

ごはんと ちっちゃいおかず

それで OK！

料理とは

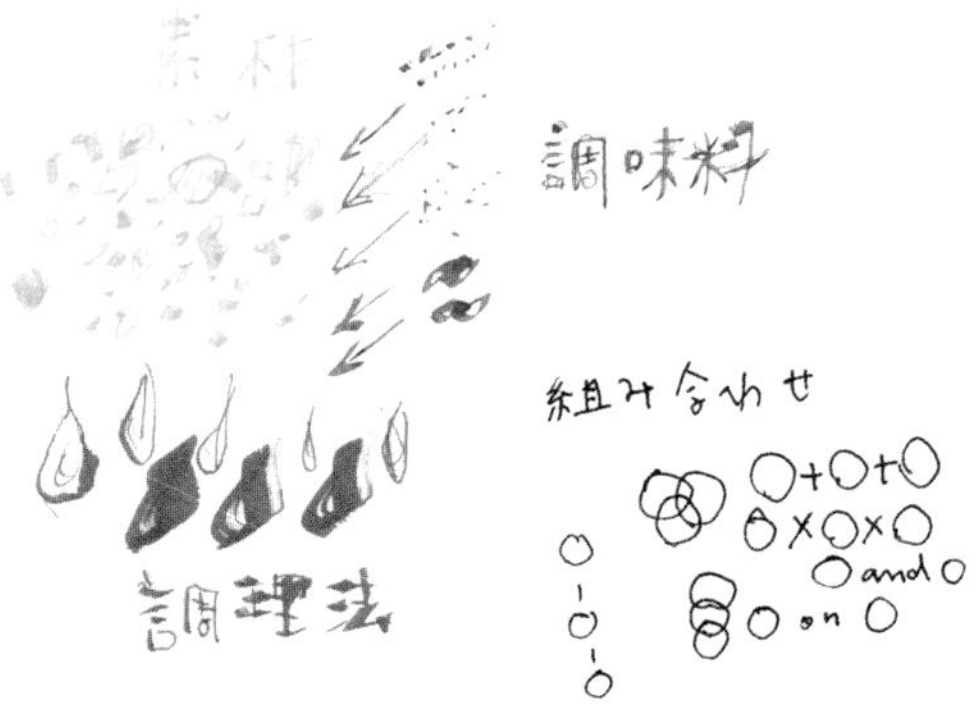

素材×調味料×調理法でできている。

自分の好きな味で食べよう

レシピ。
味つけ
自分流‥

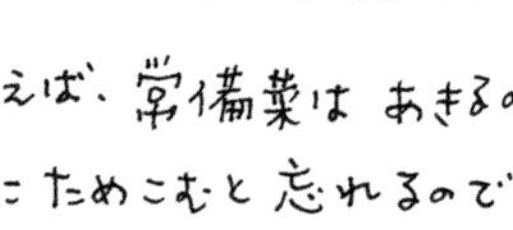

自分の（だけ）こだわりを楽しむ。

もりつけ見た目など。

他人のいない世界

迷ったら自分の心に聞く

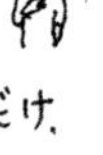

私のことを言えば、常備菜はあきるので作らない。
冷凍庫にためこむと忘れるので、ひと目でわかるだけ。
シンプル！ フレッシュ！ 適量！ 簡単！
好きに食べ、好きに生きる！

日々のメニュー

虹鱒の塩焼きと小イカの煮たの

日々のメニュー

この頃、よく使っていたはしおき。

2020年3月17日朝　大根をスライサーで薄く輪切りにして豚肉を挟んで塩味で煮たもの。キャベツソテー。人参サラダ。ごはん。

塩サバっておいしいですよね…

5月24日昼　焼き塩サバ。大根おろし。柚子こんにゃく。納豆。プチトマト。茹で鶏。漬け物。たけのこのみそ汁。玄米ごはん。

たけのこの水煮を買うと食べ切るのが大変・ごぼうも一本買うと大変・

5月24日夜　焼き塩サバ。たけのこと鶏肉と豆腐の煮物。プチトマト。漬け物。たけのこのみそ汁。玄米ごはん。

でも、ごぼうもおいしいですよね・・・

5月27日朝　ごぼうときのこの玉子とじ。納豆。もずく酢。プチトマト。漬け物。玄米ごはん。

絹さややスナップえんどうも好き.

5月27日夜　ごぼうときのこの玉子とじ。蒸し野菜をオリーブオイルと塩コショウで。大根と絹さやのみそ汁。ミニトマト。玄米ごはん。

ホッケって大きい.

5月30日夜　ホッケの開き。大根おろし。人参、サニーレタス、シーチキンのサラダ。豆腐のみそ汁。きゅうりの浅漬けとキムチ。玄米ごはん。

ゴマ油&しょうゆ味の方が好きでした(左の)

8月8日朝　オクラやカボチャなどの入った豚汁。畑のしその醤油漬けと塩漬けの食べ比べ。雑穀入りごはん。

しょうが焼き、大すき

8月9日夜　豚肉のしょうが焼き。キャベツのアマニオイルと塩コショウ和え。豚汁。雑穀入りごはん。

きゅうりか、夏だね

8月12日朝　豆腐、なすなどの具だくさんみそ汁。きゅうりスライス。雑穀入りごはん。

黄身のみそ漬けなんて作ってる…

ねっとり…

8月14日朝　具だくさんみそ汁。卵の黄身のみそ漬け。白身とかいわれ大根とトマトのサラダ。つるむらさきのお浸し。雑穀入りごはん。

9月17日夜　ちくわで作るうなぎのかば焼き。じっくり時間をかけるとおいしくできます。

ちくわに

切りこみ。
そこに
しょうゆが
からむ

9月6日夜　料理動画を見ながら手羽元の甘辛煮を作る。そっくりにできました。

よし！　今日は、丁ねいに
おいしく作るぞ！と
決意すると
おいしくできる

チキンソテーは けっこう時間がかかる

11月15日夜　チキンソテー。豆腐と油揚げのみそ汁。トマトサラダ。雑穀入りごはん。

これは体によさそう。さわやかな。いや。さわやかじゃないか。野菜が多いだ。

11月17日夜　キャベツソテー。きんぴらごぼう。小松菜お浸し。大根と昆布の煮物。納豆おろし。雑穀入りごはん。

品数が多いね。めずらしく

11月18日夜　刺身こんにゃく。大根と昆布の煮物。きんぴらごぼう。ちりめんじゃこと冷ややっこ。キムチ。イカの沖漬け。梅干し。豆腐のみそ汁など。

これもいいね

11月20日夜　大根と鶏肉と油揚げの煮物。小松菜のお浸し。ピーマンとじゃこのかつお節和え。茹でインゲン豆。キムチ冷ややっこ。雑穀入りごはん。

→この暗いのがふりかけ

11月22日夜　玉子とじ。ちりめんじゃこと菜っ葉のふりかけ。大根と鶏肉と油揚げの煮物。きんぴらごぼう。雑穀入りごはん。

苦手なお酢もたまには食べなきゃ.

11月29日夜　じゃがいもとベーコン炒め。もずく酢。冷ややっこと釜揚げしらす。納豆。キムチ。ごはん。この頃、海藻や発酵食品を意識して食べていた。

ちんまり…

12月2日朝　もずく酢。冷ややっこと釜揚げしらす。納豆と海苔の佃煮。漬け物。ごはん。

右上のは なんだろう… 肉っぽい。

もっと ちんまり…

2021年1月1日　元日。お雑煮。いくらごはん。黒豆。子持ちワカメ。イカの黄金焼き。たこの柔らか煮。かまぼこ。好きなものをちょっとずつ。

コタツで のんびり

2月8日夜　大根と豚肉のしゃぶしゃぶ風。大根のみそ汁。人参サラダ。玄米ごはん。よく作るこのしゃぶしゃぶ風はポン酢で。お替りもします。

鯛のおさしみの漬けもよく作ります。

2月9日朝　鯛の醤油漬け。釜揚げしらす。梅干し。人参サラダ。玄米ごはん。

玄米ごはんは冷凍していたのをあたためた。

2月11日夜　豚肉ソテー。玉ねぎ炒め。茹でブロッコリー。玄米ごはん、湯葉ちりめんのせ。

たま〜に おかずを買うことがある

2月15日夜　買ってきた大根と鶏肉の煮物。きゅうりとささ身の梅肉和え。スナップエンドウソテー。豆腐とわかめのみそ汁。玄米ごはん。

きのこセット・量が多いので、

2月25日　きのこセットを買ったので保存するために乾燥中。ミニトマトはオーブンで半ドライに。冷凍してスパゲティなどに使います。

小さな小さな芽を集めました

4月20日夜　たけのこ、鶏肉、油揚げの煮物。さやえんどうのソテー。新芽のスプラウトサラダ。ごはん。宮崎に引っ越して、畑を始めて、収穫物を食べ始めた。

豚肉・あぶら身が多すぎました…

4月22日夜　レシピを見て作った蒸し豚肉。かいわれ大根と鶏肉のサラダ。

わらび？ 春ですねー

4月28日朝　わらびの玉子とじ。雑穀入りごはん。

この写真だけ妙にリアル・アップだからか…

4月30日朝　きのこと玉子のオムレツ。ウィンナー。キャベツソテー。雑穀入りごはん。

しょうが焼きと豆ごはん、最高!

5月3日夜　豆ごはん。豚肉のしょうが焼き。畑のスプラウトサラダ（間引き菜)。自家製らっきょう。

そんなおいしくなかった…

5月20日夜　大根となすのお好み焼き、大根おろしとポン酢で。雑穀入りごはん。

食べられるところは少なかったが、丁ねいに洗って…

6月8日夜　小松菜と豚肉炒め。ちぢみ菜炒め。野菜サラダ。かぶの漬け物。野菜はすべて自然農の畑で採れたもの。後ろの瓶は梅シロップ。

うまくできるとおいしい

6月12日昼　最近凝っているレンジ蒸し鶏。ネギとニンニク、しょうが、塩昆布。

6月12日夜　塩麹漬け豚バラ炒め。なすとピーマン。

人参の葉っぱを活用したいと思い。

6月14日夜　人参の葉とちくわのサラダ。二十日大根のマヨネーズ和え。クリームチーズの木の芽みそ漬け。

グツグツ…グツグツ…

6月28日夜　トマトとなすとアンチョビのグリル。

おいしそうに焼けてます

6月30日夜　ズッキーニのアンチョビグリル、細切りピーマンとインゲン豆。菜っ葉とちりめんじゃこのふりかけ。

ぶりの照り焼きはむずかしい.

7月2日夜　ぶりの照り焼き。人参、じゃがいも、ピーマンのソテー。雑穀入りごはん。

庭のローズマリーをはしおきに。

7月4日朝　生春巻きで巻いた自家製ソーセージ。きゅうり。黒米入りごはん。

このパスタは、こってりすぎた

7月5日夜　ゴルゴンゾーラクリームスパゲティ。ほうれん草とベーコンと温玉サラダ。

のこったぶりをどうしようかと思い…

7月6日夜　青菜炒め。ぶりとピーマンの素揚げ。ほうれん草のお浸し。ミニトマト。玄米ごはん。

市販のドレッシングはなんか苦手

この自作のドレッシングがいちばんすき

7月7日夜　なすとトマトのスパゲティ。グリーンサラダ。ドレッシングはアマニオイル、塩コショウ、レモン汁。

7月9日夜　チーズオムレツ。ピーマンの素揚げ。グリーンサラダ。ドレッシングには自家製ジューンベリービネガーを使っています。きれいなルビー色。

7月11日朝　大根のみそ汁。大根と豚肉の炒り煮。大根おろし。玄米ごはん。

これもゆりとリボク

7月11日夜　大根と豚肉の炒り煮。きゅうりとちくわのサラダ。グリーンサラダ（畑のレタス、春菊、チコリなど）。大根葉のふりかけ。

これはごちそう、特にとうもろこしが。

7月13日夜　天ぷら（ししとう、ピーマン、玉ねぎ、とうもろこし）。大根おろし。なすの浅漬け。雑穀入り玄米ごはん。

7月14日朝　大根と豆腐のみそ汁。なすとピーマンをタレに漬けたもの。雑穀入り玄米ごはん。

これを見ても、何も言葉がでてこなかった。

7月15日朝　きゅうり。ちくわ。スクランブルエッグ。菜っ葉ふりかけ。とうもろこしのひげの素揚げ。ごはん。

とうもろこしのひげの素揚げはパサパサ。

玉子ってそんなに好きじゃない

7月15日昼　何かの素揚げ。スクランブルエッグ。きゅうりと大根のサラダ。菜っ葉ふりかけ。ごはん。

とうふを買うと使い切るのが大変

なので小分けタイプがある時はそれを。

7月15日夜　チキンソテー。焼きピーマン。ミニトマト。豆腐のソテー。菜っ葉ふりかけ。ごはん。

7月18日夜　目玉焼き。人参のグラッセ。ごはん。

畑でとれた人参があまりおいしくなかったのでグラッセに。

ひとかけのチキンーおいしい。

7月19日夜　じゃがいもと豚肉のソテー。きゅうりとシーチキンのサラダ。チキンひとかけ。ごはん。

なすは輪切りにしてソテー・かつおぶしをふりかけている。

7月21日昼　ちくわ。まぐろの漬け。なす。たことインゲン豆のソテー。ごはん。

うまいかつおのたたき、食ったことがない。

7月30日昼　きゅうりとさつま揚げ。かつおのたたき。ごはん。

畑でできた大根が辛すぎたので

7月30日夜　まぐろときゅうり。野菜ソテー（なす、パプリカ、トマト）。茹でインゲン豆。ごはん。

切り干し大根にしたけどやはり辛かった。

8月1日朝　スクランブルエッグ。きゅうりとハム。切り干し大根。辛子明太子。玄米ごはん。

がんばって食べている(切り干し大根)。

8月2日夜　豚肉のしょうが焼き。茹でインゲン豆。なすのソテー。グリーンサラダ。切り干し大根。雑穀入り玄米ごはん。

肉だけとは。なんか、おいしくなかったワ。

8月3日夜　野菜が何もなく、鶏肉のソテーをフライパンのまま。雑穀入り玄米ごはん。忙しかったのか。(夜だったので野菜をとりに行けなかった)

おいしそうに並べて…

8月4日昼　冷凍しておいた自家製ソーセージ。インゲン豆。キャベツ。オクラ。雑穀入り玄米ごはん。ブルーベリーとシャインマスカットひと粒。

とうもろこしも育てたけど全滅・ゆいっ

この小さなヤングコーンのみができた。

8月4日夜　小松菜と豚肉のソテー。茹で野菜（インゲン豆、人参、大根、ヤングコーン）。春菊のお浸し。グリーンサラダ。雑穀入り玄米ごはん。

自然農の野菜セットを注文したので、

8月5日夜　オクラ2種食べ比べ。たたききゅうり。なす塩もみ。万願寺とうがらしソテー。ミニトマト。雑穀入り玄米ごはん。

しばらくは食料が豊富に、

8月6日朝昼兼用　納豆。茹でモロヘイヤ。焼きとうもろこし。オクラ、インゲン豆、ミニトマトのソテー。生卵。雑穀入り玄米ごはん。

野菜たっぷり。

8月6日夜　なす、ピーマン、ゴーヤのひき肉挟み焼き。茹でオクラ。きゅうりの浅漬け。青とうがらし。ミニトマト。雑穀入りごはん。ぶどう。

きれいです

8月7日　なすときゅうりの浅漬け。

右のザルは、マイタケを干してるところ。

8月7日朝　昨夜の挟み焼きの残り。オクラ。納豆とモロヘイヤ。きゅうりの浅漬け。雑穀入りごはん。

下の皿は自分で銀継ぎしました

ポチッと欠けたとこ

8月7日夜　トマトとバジルのスパゲティ。オクラソテー。生ハムとチーズ入りサラダ。

ズッキーニの天ぷらはこの夏、よく作った。

8月8日朝　ズッキーニの花のクリームチーズ詰め天ぷら。オクラとインゲン豆の和え物。きゅうりの浅漬け。生卵。雑穀入りごはん。

生で食べられるなすです。

8月9日朝　オムレツ。とうもろこし炒め。なすのオリーブオイルがけ。きゅうりの浅漬け。玄米ごはん。

焼きトロサバを買ってきて、よく作った。

8月10日夜　茹でオクラとインゲン豆。ピーマンの肉詰め。カボチャソテー。ポテトサラダ。トロサバのオイル漬け。雑穀入りごはん。

これはかなり最高のメニュー

とうもろこし、大好き。。。。。。。。。。

8月11日朝　とうもろこし炒め。カボチャソテー。ピーマン肉詰め。ポテトサラダ。玄米ごはん。

どうにかして、ゴーヤを使い切ろうとくふうして。

8月11日夜　ゴーヤの豚肉巻き。オクラとズッキーニの花の天ぷら。なすのお刺身（泉州水なす）、オリーブオイルで。玄米ごはん。

昨夜ののこりがあると　らくです

8月12日朝　ゴーヤの豚肉巻き。ポテトサラダ。トロサバのオイル漬け。宮崎牛ふりかけ。玄米ごはん。

冷しゃぶ、おいしいよね

8月12日夜　豚肉の冷しゃぶサラダ。カボチャと伏見甘長とうがらしのソテー。なすのお刺身。トロサバのオイル漬け。菜っ葉とちりめんじゃこのふりかけ。

うちでとれた枝豆・チョーおいしかった！

8月14日夜　空心菜と牛肉炒め。沖縄赤毛瓜の煮物。伏見甘長とうがらしのソテー。ミニトマト。枝豆。雑穀入りごはん。

ソテーするとうまみがぎょうしゅく。

8月15日朝　じゃがいも、ソーセージ、ミニトマト、ピーマンのソテー。なすのお刺身。ピーマンとなすの炒め物。玄米ごはん。

こんにゃくも体にいいと思ってたまに買う

8月15日夜　瓜と小海老とインゲン豆の煮物。酢みそこんにゃく。辛子明太子。サラダ。玄米ごはん。

キャー、とうもろこし。これはおいしい有機のとうもろこし。

右上のは瓜のタネ。うえてみようかと。

8月16日朝　とうもろこし、こんにゃく、オクラ、カボチャ、ミニトマトのソテー。沖縄赤毛瓜の煮物。玄米ごはん。

このフライはあんまり・・・

8月16日夜　買ってきた海老のフライ。瓜の煮物。辛子明太子。ふりかけ。玄米ごはん。

まっ黒に見えるが・おしょうゆの色・

8月17日昼　牛肉とこんにゃく、野菜のすき焼き風。沖縄赤毛瓜の煮物。玄米ごはん。

チキンカレー、おいしい

8月18日夜　昨夜のチキンカレーの残り。沖縄赤毛瓜の煮物。茹でインゲン豆、オクラ。プチトマト。辛子明太子。玄米ごはん。

マヨネーズがすき

8月19日昼　空心菜と豚肉炒め、フライパンのまま。玄米ごはん。

とうがらしのならべ方も好きなかんかくで、

8月20日朝　ちくわに明太子とマヨネーズをのせてトースターで焼いたもの。伏見甘長とうがらしのソテー。玄米ごはん。

パックのお刺身についてるツマが苦手なので食べない。

8月20日夜　お刺身盛り合わせ（中トロ、カンパチ、イカ）。豆腐。玄米ごはん。

辛子明太子は、ちょこっとあるとうれしい。

8月22日昼　鶏肉と青菜炒め。豆腐と油揚げとカボチャのみそ汁。辛子明太子。
雑穀入りごはん。

鮭もいいね。ハラスもすき。

8月22日夜　焼き鮭。ピーマンととうがらしのソテー。イカ刺し。人参とインゲン豆のマヨネーズ和え。豆腐と油揚げとカボチャのみそ汁。雑穀入りごはん。

今まであまりインゲン豆はおいしいと思わなかったが、

自分で作ったインゲン豆はとてもおいしい。

8月23日朝　今日も豆腐と油揚げとカボチャのみそ汁。人参とインゲン豆のマヨネーズ和え。瓜。ミニトマト。雑穀入りごはん。

牛肉もたまに食べます。

8月24日夜　牛肉、ピーマンソテー。ミニトマト。舞茸のみそ汁。雑穀入り玄米ごはん。

小さすぎました…（私には）

右上のは一杯用のきゅうす。とても小さいです

8月25日朝　焼き辛子明太子。舞茸とネギのみそ汁。雑穀入り玄米ごはん。

この青い葉っぱ、何なのかわからなかった。

8月25日昼　焼き鮭。青い葉っぱのソテー。ミニトマト。いろいろ入ったみそ汁。雑穀入り玄米ごはん。

枝豆、うますぎ。

8月25日夜　ぶりの照り焼き。人参ソテー。つるむらさきのお浸し。茹でインゲン豆。枝豆。グリーンサラダ。雑穀入り玄米ごはん。

8月27日昼　チーズオムレツ。青菜炒め。イカ刺し。しそ。ごはん。

中央上、自分で描いたお皿、キャーかわいい!! ネコちゃん

8月27日夜　魚の切り身焼き。空心菜炒め。ミニトマト。ニンニクソテー。ごはん。

空心菜、ちょっとパサパサに。

時にはワイルドに

8月29日朝　ワイルドなオムライス。カボチャ、オクラソテー。

オレンジ色のは辛くないとうがらし

8月29日夜　ささ身のチーズ巻き。カボチャ、ピーマンソテー。ズッキーニの花ととうがらしの天ぷら。インゲン豆のマヨネーズ和え。ごはん。

トマトを煮つめたソース、おいしい。

8月31日朝　オムレツのトマトソースがけ。オクラとつる菜のお浸し。インゲン豆のマヨネーズ和え。ごはん。

バターしょう油味、大好き

8月31日昼　とうもろこしとベーコン、ピーマンのバター醤油炒め。辛子明太子。ごはん。

皿の上に並べる
並べ方をイシキ．

9月1日夜　牛肉、オクラ、インゲン豆、とうがらし、ズッキーニ炒め。ミニトマト。レタス。玄米ごはん。

カボチャの煮物は甘辛くておいしかった

並べ方でおいしさが増す

9月2日昼　焼き鮭。ニラソテー。カボチャの煮物。キャベツサラダ。玄米ごはん。

このたこはちょっとかたかった

9月4日夜　たこ刺し。鯛の漬け焼き。豆腐と塩昆布スープ。カボチャと鶏肉の煮物。玄米ごはん。

ちょっとこげてる

9月6日昼　鮭の塩麹漬け焼き。ズッキーニソテー。豆腐スープ。グリーンサラダ。玄米ごはん。

今日は枝豆がいっぱいとれてる

9月6日夜　ピーマンとなすのトマトチーズ焼き、バジル味。茹でインゲン豆。枝豆。サラダ。玄米ごはん。

きのうの夜ののこり

9月7日昼　カボチャ、ピーマンとなすのトマトチーズ焼き。枝豆。しそ。栗の渋皮煮。雑穀入りごはん。

焼きしそって？しそを焼いてしょうゆをかけてる。

9月7日夜　鮭の塩麹漬け焼き。つる菜のお浸し。焼きしそ。雑穀入りごはん。

好きなやつ↓

9月8日朝　とうもろこしとベーコンと舞茸のバター醤油焼き。カボチャの煮物。雑穀入りごはん。

パプリカ、じっくり焼くとおいしい

へちまは、土の味がする

9月9日夜　焼きパプリカ。枝豆。へちまのみそ汁。ミニトマト。雑穀入りごはん。ぶどう。

目玉焼き。私はしおコショウとしょうゆで。

9月10日昼　目玉焼き。茹でインゲン豆、オリーブオイルと塩コショウ、マヨネーズで。ミニトマトのサラダ。雑穀入りごはん。

この頃はハスの葉のはしおきをよく使ってた

9月13日夜　鶏、塩昆布、ネギのレンジ蒸し。カボチャのみそ汁。雑穀入りごはん。

チーズにかつおぶしとしょうゆかけたの好き

9月14日朝　いろいろみそ汁。茹でインゲン豆。チーズにかつお節、醬油の実。雑穀入りごはん。右上のカゴで舞茸を干しています。

アジ刺し、見るとつい買ってしまうが、思ったほどはおいしくない。

9月15日昼　鯵のお刺身。青菜のお浸し。雑穀入りごはん。

お刺身、のこったのでから揚げに。

9月15日夜　鯵のお刺身のから揚げ。豆腐（ニラ、ニンニク、玉ねぎをゴマ油で炒めて醤油と）。なすの漬け物。雑穀入りごはん。

納豆もたまに食べます。

9月16日朝　納豆玉子、しそ。冷ややっこ。雑穀入りごはん。

鶏肉のレンジ蒸しもよく作った。

9月16日昼　鶏肉のレンジ蒸し。ミニトマト。雑穀入りごはん。

毎日、似たようなごはんに見えるかもしれないけど、あきません。

9月16日夜　ニラ玉。冷ややっこ。雑穀入りごはん。

9月17日朝　豚肉と玉子炒め。雑穀入りごはん。

四角豆って、そんなにおいしいとは思わない。

9月17日夜　湯豆腐、小松菜、インゲン豆。四角豆のソテー。ミニトマト。玄米ごはん。

しいたけね。

9月18日夜　しいたけ、ししとう焼き。間引き菜とハムのサラダ。ごはん。

また　とりにく・・・　むし・・

9月19日朝　蒸し鶏肉。茹でオクラ、四角豆。ごはん。

とうふと玉子があれば　とりあえずなんかできる

9月19日昼　豆腐としいたけの玉子とじ。ミニトマト。ごはん。

今日はいっぱい

9月20日昼　ニラ玉。豆腐のみそ汁。オクラ。納豆。シーチキンサラダ。ごはん。

今日はちょっぴり

9月24日昼　玉子とじ丼。間引き菜サラダ。

今日はごちそう

9月24日夜　鶏肉の甘辛焼き、オクラ、ピーマン。豚しゃぶサラダ。ごはん。

かつおだ

白い器のは、すりおろししょうが。

9月26日夜　かつおのたたき。冷ややっこ。インゲン豆サラダ。雑穀入りごはん。

インゲン豆が毎日できてました

9月27日夜　さつま揚げ。ちりめん冷ややっこ。シーチキンサラダ。茹でインゲン豆。雑穀入りごはん。

うれしかったです、とるの。

9月28日昼　さつま揚げソテー。ちりめんオムレツ。インゲン豆の胡麻和え。雑穀入りごはん。

葉っぱの形で段々になってます

オリーブオイル皿を買いました

9月28日夜　サーモンソテー。インゲン豆素揚げ、オリーブオイルと塩コショウ。つる菜のお浸し。雑穀入りごはん。

オクラもよくできました。

9月29日夜　焼きオクラ。冷ややっこ、しその実。こんにゃくと鶏肉の煮物。雑穀入りごはん。

左のタレはマヨネーズ+スイートチリソース

9月30日夜　自家製ソーセージ、タレ2種。こんにゃくと鶏肉の煮物。雑穀入りごはん。

10月1日
今日の収穫

白いゴーヤができました

10月1日夜　蒸し鶏肉。インゲン豆、ピーマン素揚げ。ゴーヤとシーチキンサラダ。雑穀入りごはん。

スッキリ

10月2日朝　納豆玉子。ごはん。

人から聞いて.

イワシを買ってみたけど.あまり好きじゃなかった・・・

10月2日夜　イワシ丸干し。大根、豚肉、油揚げ、こんにゃく、インゲン豆の煮物。雑穀入りごはん。

10月3日　つる菜のお浸し

10月3日　つる菜、インゲン豆

つる菜の花が咲いて　きれいでした。

畑に野菜をとりに行くのも楽しい。

10月3日昼　つる菜のお浸し。オクラ。茹でインゲン豆。鶏肉の煮物。雑穀入りごはん。

モロヘイヤも畑から

10月3日夜　ゴーヤとベーコン、ししとう炒め。モロヘイヤのお浸し。グリーンサラダ。雑穀入りごはん。

10月4日朝　納豆玉子。雑穀入りごはん。

10月4日夜　ルッコラと舞茸のオムレツ。なすのソテー。鶏肉、油揚げ、大根の煮物。雑穀入りごはん。

10月5日夜　イワシの丸干し。つる菜のお浸し。焼きピーマン。雑穀入りごはん。

こういう食事なのに体重はへりません。

10月6日昼　レンコン豆腐（買ってきたもの）。オクラ。チーズ。雑穀入りごはん。

小イカ・おいしい

10月6日夜　鯵のお刺身のから揚げ。小イカの煮つけ。茹でインゲン豆マヨネーズ和え。雑穀入りごはん。

開始時間におくれないように急ぐ

10月8日朝　将棋を見る日の朝ごはん。納豆玉子。大根と鶏肉の煮物。雑穀入りごはん。

人参もなかなかおいしい

10月8日夜　大根と鶏肉の煮物。焼きゴーヤ。人参サラダ。雑穀入りごはん。

おかず・ひとつだ

10月10日夜　豚肉と油揚げとピーマンの煮物。雑穀入りごはん。

もやし、めずらしい

10月11日朝　豚肉もやし炒め。雑穀入りごはん。

またこれ。

10月11日夜　鶏肉のレンジ蒸し（食べやすく切り込みを入れて、しょうが、ニンニク、ネギ、酒、みりん、醤油、塩コショウなどなんでも好きなものをかけて数分レンジする）。雑穀入りごはん。

こういう、焼きもの系、好き

10月12日夜　豚バラのカリカリ焼き。長芋のソテー。人参炒め。雑穀入りごはん。

ちくわを買ったんだ

10月15日朝　ちくわと玉子炒め。雑穀入りごはん。

で、昼にも。

10月15日昼　ちくわと青菜炒め。梅干し。雑穀入りごはん。

へちまをもらったので煮物に。

10月17日夜　へちまの煮物。じゃがいもと豚肉の煮物。つる菜のお浸し。ごはん。

ピーマンの散らし方も考えてます。

10月18日朝　目玉焼き。じゃがいもとピーマンのソテー。ごはん。

人参の葉っぱはいつもこれ。

10月18日昼　キャベツ炒め。人参の葉っぱとオキアミのお好み焼き。ごはん。

柿がでてきた

10月18日夜　チキンソテー。柿入りサラダ。玉子スープ。ごはん。

小さな二十日大根を大事に

10月19日朝　スクランブルエッグ。青菜炒め。二十日大根サラダ。雑穀入りごはん。

健康的だ

10月19日夜　かぶと青菜炒め。柿入りサラダ。ごはん。

畑でとれた野菜が多い。近頃。

10月20日朝　ルッコラの玉子とじ。グリーンサラダ。二十日大根。ごはん。

少なく見える　昼ごはんとしては

10月20日昼　ちくわ明太マヨネーズパセリ。しいたけの佃煮。ごはん。

落花生ができました。

10月21日朝　シーチキン、玉ねぎ、玉子炒め。糸こんにゃくの明太子和え。すみれかぶの浅漬け。ミニトマト。茹で落花生。ごはん。

畑のものでがんばってる

10月23日朝　焼きなす。小松菜と油揚げの含め煮。しいたけの佃煮。玄米ごはん。

茹で落花生っておいしいよ

10月24日朝　なす、ピーマン、レンコンの肉詰め。茹で落花生。シュガーナッツ。ごはんにのりたま。

これもなんだか少なく見える

おかわりがあるのか、フライパンにね

10月24日夜　牛肉とインゲン豆とピーマン炒め。レンコンのきんぴら。玄米ごはん。

あるもので何を作るか。工夫が楽しい。

10月25日夜 豚肉とカボチャのみそ汁。青菜炒め。いろいろなかぶのサラダ。玄米ごはん。

毎日、似てるけどちがう。

10月27日朝 昨夜のみそ汁。しいたけの佃煮。玄米ごはんに菜っ葉ふりかけ。

左上のねこの皿も私が絵をかいた

10月27日夜　豚肉と油揚げとインゲン豆のみそ汁。鶏肉の煮物。なすとピーマン炒め。柿と水菜などのサラダ。玄米ごはん。

柿のサラダがあればOK。アマニオイルと塩コショウ

10月28日夜　鶏肉の煮物の残り。なすと舞茸と油揚げのみそ汁。ほうれん草のお浸し。柿入りサラダ。ごはん。

鶏団子っておいしい

11月1日夜　鶏団子と舞茸とインゲン豆と大根のスープ。玄米ごはん。

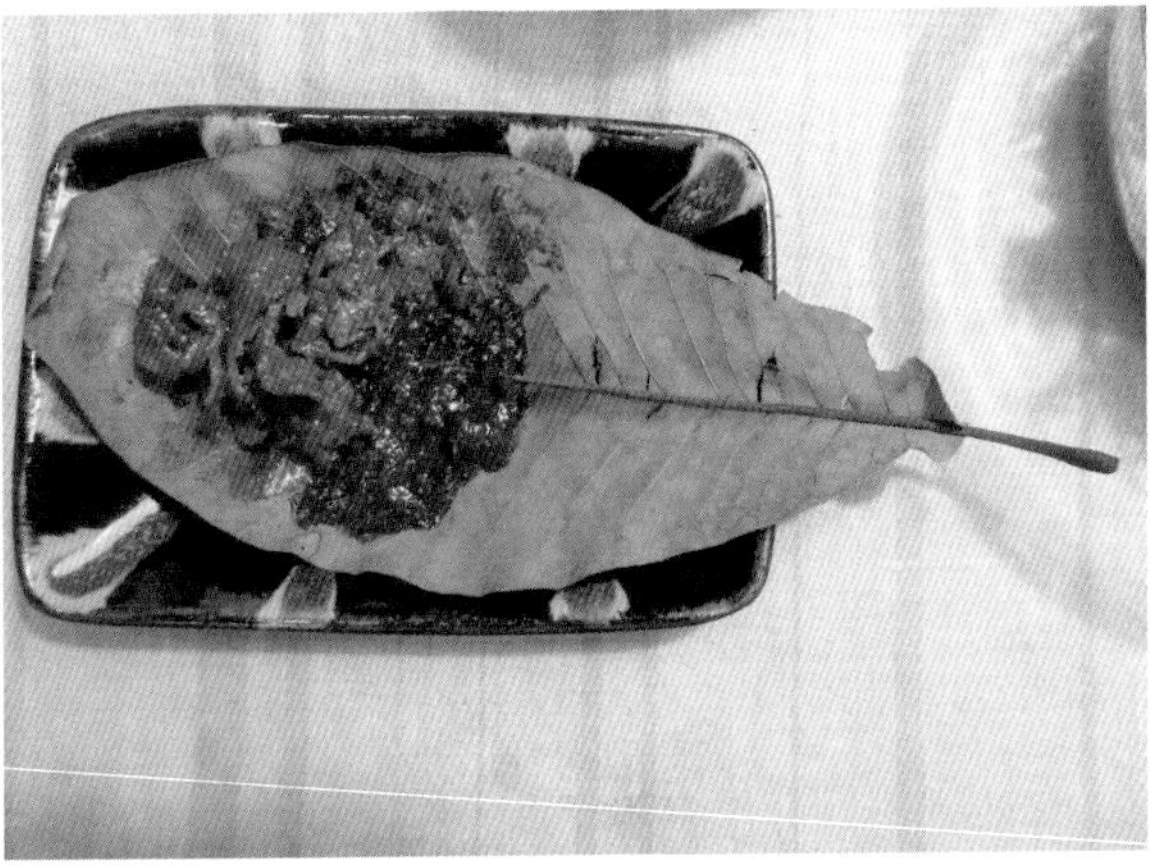

山へ紅葉がりに行きました。

11月2日夜　牛肉の朴葉みそ焼き。山で拾った朴葉で。

ニラの苗をもらった。
おフロのサウナ仲間に、

11月3日朝　ニラ玉。ごはん。

本格的なダシ作りにこったこともあったけど
続きませんでした。

11月3日夜　具だくさんみそ汁（じゃがいも、カボチャ、油揚げ、舞茸、牛肉、かつお菜）。

11月4日夜　里芋とヤツガシラ蒸し。具だくさんみそ汁。かぶと二十日大根と柿のサラダ。かぶの葉の浅漬け。玄米ごはん。

里芋ができました。ヤツガシラは小さかった。

見た感じよりはおいしいよ

11月5日朝　青菜と玉子炒め。里芋、ヤツガシラ蒸し。玄米ごはん。

秋はくだものが豊富。

パンが、雰囲気ちがうね、明るい!

11月7日昼　くるみパンとオリーブオイル。ヨーグルトとブルーベリージャム。くだものいろいろ（りんご、梨、柿、キウイ）。

二十日大根は しおコショウとマヨネーズで

11月8日夜　里芋と鶏肉の煮物。かぶと柿のグリーンサラダ。二十日大根サラダ。新しょうが。玄米ごはん。

のりたま、なつかしい。

11月9日昼　なす炒め。里芋と鶏肉の煮物。のりたま。玄米ごはん。

納豆もたまに。

11月13日朝　ししとうソテー。茹でインゲン豆。納豆。のりたま。ごはん。

チキン南蛮は時間がかかる。

11月22日夜　チキン南蛮（タレは市販のものです）。グリーンサラダ。

このカキフライはおいしくできた。

12月2日夜　カキフライ。グリーンサラダ。玄米ごはん。

今、好きなみそは、フンドーキン「うんまかだし入り」あまくち仕立・これにしてからみそ汁をよく作るようになりました。

12月3日朝　昨日のカキフライ。豆腐のみそ汁。サラダ。玄米ごはん。

12月4日昼　豚肉ソテー。ニラ玉。かぶとかつお菜のみそ汁。かぶサラダ。ごはん。

かつお菜の味をかみしめる

12月8日昼　かぶと豆腐とかつお菜のみそ汁。二十日大根サラダ。ごはん。

鮭、皮もよく焼いて…

12月12日朝　焼き鮭。大根おろし。豆腐とわかめのみそ汁。かぶのサラダ。玄米ごはん。

冬になって、薪ストーブの前で。

12月21日朝　鶏のぶつ切りと大根の煮物。玄米ごはん。

ルッコラは重宝。

12月23日朝　ルッコラとベーコンと玉子炒め。玄米ごはん。

大根の葉をどうにかできないかと…

12月25日夜　大根葉とオキアミのお好み焼き。まぐろと山芋の漬け。煮卵。

チラシなど見つつ…

12月26日朝昼兼用　焼き鮭。きのこと豆腐とわかめのみそ汁。大根ピクルス。玄米ごはん。

豆腐を小さな四角に切って

12月27日昼　豚肉と豆腐のソテー。

菊芋にもこりました。

12月29日夜　ホッケの干物。菊芋サラダ。菜の花のからし和え。玄米ごはん。

12月30日朝昼兼用　豚肉、玉子、菊芋、しいたけ、かぶのソテー。菜の花のからし和え。玄米ごはん。

焼くだけ、っていうのがわりと好き。

12月30日夜　ネギ焼き。しいたけの煮つけ。ひき肉のカレー。

しいたけの並べ方も楽しく。

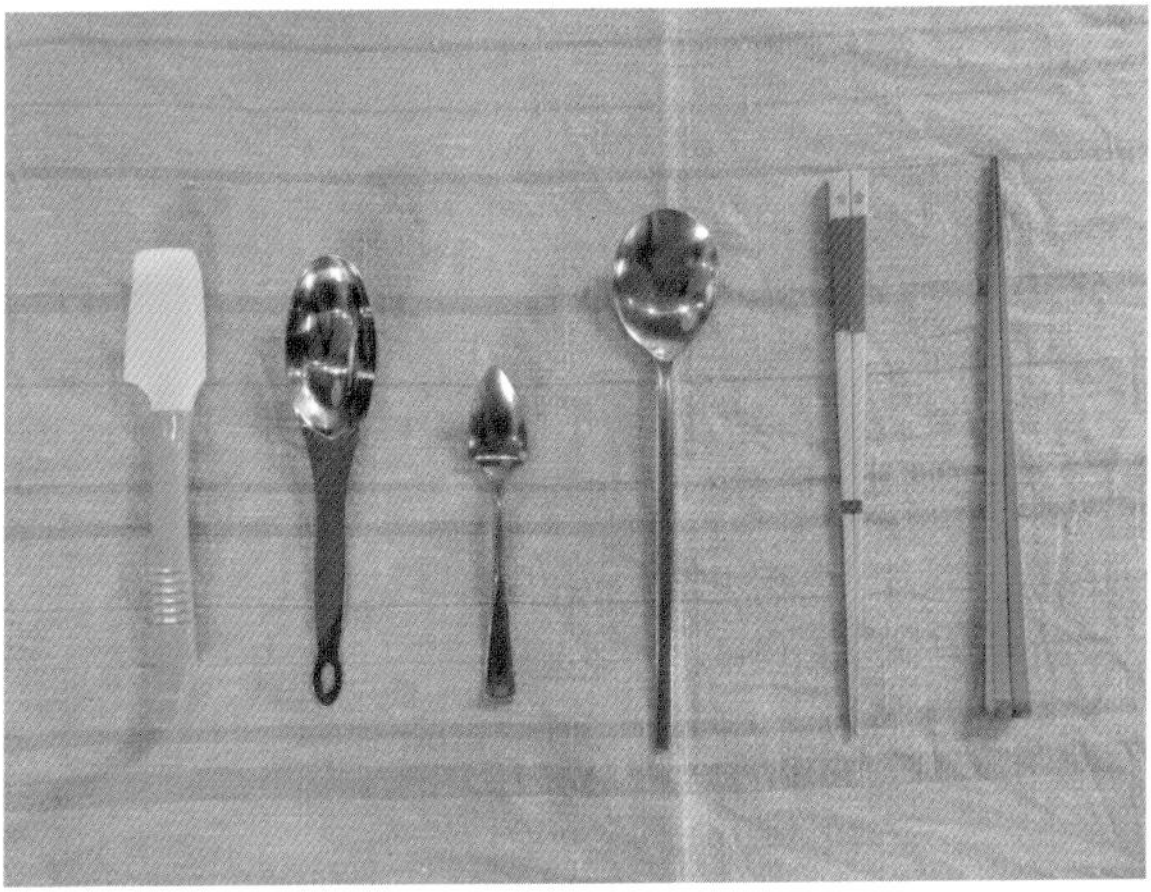

愛用品紹介

お箸の使い方が下手で鉛筆握りしかできない私は細いお箸じゃないと小さなものがつかめません。なので細い竹のお箸を使っていました。ある日、右から2番目のすごく細いお箸に出会い、それ以来、ずっと愛用しています。「口に刺さって痛い」と言う人がいるほどの細さです。

平べったいスプーンは、ずっと前にビビンパの素かなにかのおまけについていたものです。気に入って長く使っています。次の小さいのは先がギザギザになったグレープフルーツ用です。これがなぜか好きで、アイスクリームやデザートはいつもこれで食べています。次のは計量用スプーンの大匙です。金属の厚さが薄いので豆腐を切ったり汁をすくったりするのに便利です。スプーン、包丁、おたま代わりに。最後はゴムベラです。ヘラ類はたくさん持っていますが、これが使いやすくて2代目です。

食器類。ものすごく好きというわけじゃないのになぜか毎日使っているお皿たち。

右上のオーバルは万能。カレーやチキンソテーに。その下は一時有田焼に凝っていた時にたくさん買ったうちのひとつで、とても丈夫です。右下の丸い取り皿も6枚ぐらい買って、今3枚残っています。中央の白くて深さのある器は、これも万能で一番長く使っているかもしれません。20年以上です。その下の陶器のお皿はひびが入っていますが、温かみのある雰囲気がよくてまとめて8枚ぐらい買いました。だんだん割れて減ってきています。左上の中華皿は、鳥の絵がかわいいと思って買いました。もっとどこかにないかと調べ回り、数種類を20枚ずつ買い揃えました。すっかり飽きているのにまだまだたくさんあるので気軽に使っています。大変丈夫です。左下の小皿は黒ずんでいて洗っても取れませんが、使いやすいのでついついなんでもこれで済ませてしまいます。お刺身のお醤油入れにも小皿にも取り皿にも。

食器棚。左上は切子やグラスのコレクション。その下は作家もの。その下はあまり使ってない皿、中央の上と真ん中にはグラスやカップ類、下はカレー皿。棚の奥の上は乾燥させたハーブなど、真ん中は普段使いの食器類、その下はあまり使っていないもの。

台所正面の窓。いつも行く温泉の駐車場で実った八朔が並んでいます。手前にガスコンロ3口があります。鍋やフライパンは棚の上とコンロの下、ここには写っていない右手のレンジの下に分けて収納しています。皿も調理道具も今後だんだんに少なくしていく予定です。